꽃으로 온 절규

꽃으로 온 절규

김 종 빈 시조집

신아출판사

● 시인의 말 ●

도돌이표를

왕복하는 매일이다.

언제쯤

원심력을 얻어

자유로울 수 있을까

2025년 가을
김종빈

차례

시인의 말 - 5

첫째 마당 말들의 무게

홍시를 읽다 - 13
고향 냄새 - 14
위로 한 장 - 16
깻잎 장아찌 - 17
묵언을 심다 - 18
밀랍의 방 - 19
개봉하다 - 20
거스러미 - 21
상사화 - 22
감자꽃 - 23
낙화 - 24
20241203 - 25
득음에 들다 - 26
달래 향 - 27
전주천을 가다 - 28
전지 - 29
네로 - 30
막 장 - 31
탑이 되다 - 32
울퉁 불퉁 - 33
장화 - 34
혀의 논리 - 35
골목 조망권 - 36

둘째 마당 어긋난 한때

땡볕 가시 - 41
방통 토출구 - 42
대못 - 43
그대, 안녕하십니까 - 44
포크 댄스 - 45
풋풋한 기둥 - 46
찜찜한 난간 - 47
신공 - 48
조적組積 - 49
엇박자 - 50
쯔엉 일기 - 52
램프의 미학 - 53
뼈를 맞다 - 54
하늘 계단 - 55
자다가 벌 떡? - 56
서포트 - 57
개~발 - 58
그리운 비 - 59
지하 주차장 - 60
수평을 꿈꾸며 - 61
굽은 허리의 꿈 - 62
터파기 - 64
잡부 - 65

셋째 마당 불립문자

피~씽 - 69
꽃대 - 70
성돌이 되다 - 71
해장 후유증 - 72
어떤 화폭 - 73
공중제비 - 74
나 사는 행간 - 75
역주행을 꿈꾸다 - 76
애드벌룬 - 77
김밥말이 - 78
환한 골목 - 79
뻐꾸기 집 - 80
매운 단맛 - 81
화려한 유산 - 82
고만이 편지 - 83
홍시 - 84
털 - 85
거미, 팔괘를 펴다 - 86
초경初耕 - 87
꽃들의 말 - 88
아이 애먼소리 - 89
까마중 - 90
진도 아리랑을 듣다 - 91

넷째 마당 따끔한 등줄기

서벌의 이제는 - 95
일기예보 - 96
가위 바위 보 - 97
살 - 98
두물머리 소묘 - 99
그놈 - 100
봄, 우크라이나 - 101
진사동 가는 날 - 102
먹감나무 - 103
밥 - 104
뙈기 떽끼 - 105
그리운 바가지 - 106
망해사 일몰 - 107
광대나물 - 108
지렁이 - 109
다시 첫발 - 110
개미집 - 111
대동여지도 - 112
고해 - 113
벚꽃 지다 - 114
명품 구두 - 115
신화2리 - 116

김종빈 시조집 해설
고비와 절규를 넘어 발화하는 수평(水平)의 시학 |
정용국(한국시조시인협회 이사장) - 117

첫째 마당

말들의 무게

홍시를 읽다

바람이 흔들 때마다 초록이 흔들렸다
까칠하게 보채며 파고드는 마른 꼭지
적요가
억누를 때면
노을빛을 물렸다

닿소리를 덧대며 견뎌온 그 떫은 날
등에 얹힌 무게에 척추가 뭉클할 때
관절을
뚝뚝 꺾으며
속으로만 붉었다

실핏줄 붓을 삼아 노을 찍어 진하게 쓴
울 엄마가 기록해 둔 봄에서 온 언어들
울컥한
그 살냄새를
달콤하게 읽는다

고향 냄새

연거푸 몰매 맞은 산맥이 시무룩하다
올봄에 몸져누워 한숨만 드나드는 품
끊긴 듯 이어진 길이
퉁퉁 불어 누워있다

춤추는 불의 환영 누그러지던 그 찰나
천둥이 겁박하며 마저 지운 마을과 길
불안이 우둑거리다
디딜 곳을 찾는다

메아리도 목이 잠긴 산맥의 붉은 울음
새소리 서너 됫박이 흔드는 능선 어깨
마음이 몸을 비우자
본능이 움찔한다

아비가 탯줄 심은 용케 버틴 둥구나무
발 앞이 벼랑이 된 걸음들을 가늠하며

내 몸이 저장한 냄새
자분자분 어른다

위로 한 장

안부를 물어뜯는 급한 성미의 물가표

내 모든 인연에게 되묻는 안녕하세요

괜찮냐 밥은 먹었냐 벌이는 쏠쏠하냐

눈과 코를 유혹하는 식욕을 억누르며

불안한 안녕들이 꿈꾸는 똑같은 번지

역세권 위로 한 장을 그 위에 붙인다

아침마다 투덜대며 집값은 또 뛰지만

희망을 떠먹이며 붓고 있는 청약통장

주머니 축축한 일당 온돌처럼 따습다

깻잎 장아찌

된장 속에 박혀있던 침묵들이 깊게 밴

깻잎장아찌 밥상 위에 다소곳이 올라있다

저릿할 그 첫 만남을 묵묵하게 기다린다

다 식은 찬밥이라도 삼삼히 감싸안으면

한 번쯤 입맛 돋우는 내 생이 될까 싶어

짠 내에 물러터져도 견뎌낼 수 있었으리

어디를 가더라도 기막히게 합을 맞추는

결마다 내간체로 짙게 흐르는 푸른 피

또옥 똑 제 길을 걸어 곁에 온 자존 한 잎

묵언을 심다

그대 척박한 뜰에
나무 한 그루 심으련다

가을이면

옐로카드 레드카드 꺼내 드는

대차고
올곧게 자랄

각목 하나 심으련다

밀랍의 방

노동이 잦아든 지 꽤 오랜 밀랍의 방
날개를 윙윙거리며 드나들던 그 칸에
꿀처럼 다디단 순간 조금은 남았을까

곤히 잠든 아내를 넌지시 바라보는데
피곤이 묻어있는 얼굴에 번지는 미소
저렇게 잠깐이라도 단꿈을 꾸는 걸까

함께 읽은 페이지 그 진한 밑줄 따라
아내 얼굴 잔주름을 씁쓸히 짚어보면
단내가 그윽이 고인 꿀 한 통쯤 있다

개봉하다

억지로 잠을 재운 어둠을 열어보면
진하게 풍겨오는 케케묵은 땀 냄새
화들짝 봉지를 털자
씨앗들이 쏟아진다

품속에 챙겨두고 잊고 산 구호들이
행간에 터를 잡고 쌍떡잎을 틔운다
연초록 **빽빽한** 낱말
옹알이를 시작한다

한 포기 한마디씩 고르게 옮겨심자
선명하게 자라나는 더 푸른 목소리
층층이 뛰어 올라가
주렁주렁 대답한다

거스러미

퉁퉁 불은 손가락이 종일 불편하다
헤진 장갑을 벗자 돋아난 거스러미
꾹 참고
잡아채려다
멈칫, 망설인다

살인데 살이 아닌 버릴 것 하, 많아
하나씩 뜯어내는 내 몸의 거스러미
걸어온
걸음걸음이
아픈 줄 알면서

상사화

누굴 기다리느라 그리움 길게 뺐을까
달이 넘는 그 고비 태연히 뒤를 밟아
외딴집 구겨진 창이
푸념처럼 밝는다

바람도 처마에 들어 기별은 잠잠한데
고요를 활짝 여는 한 송이 마른 기척
눈가에 마중을 나와
짓물러 짙게 탄다

까치가 부산한 날엔 목은 더욱 길어져
길 끝에 꺼내놓는 가슴 속 그 불씨들
사나흘 화르르 타는
꽃으로 온 절규다

감자꽃

내 곁에 꽃으로 온 감자라는 말의 상처
제 몸 쪼개 싹 틔워 지상에 전하는 말
우리가
어떠냐면서
하얀 꽃을 흔듭니다

멍이 된 말들이 모여 올리는 솟대일까
문장들이 짓밟힌 아린 그 오월을 딛고
밭이랑
속울음 같은
자주꽃도 올립니다

눈과 귀를 막아도 느껴지는 흙의 지문
감자처럼 쪼개져 해체된 자음과 모음
낱말로
아리게 맞춰
또박또박 왔습니다

낙화

이른 기별을 띄워 누굴 설레려는 걸까

물 위에 툭 던지는 절절한 엽서 한 장

한 철을 눈멀게 하고

놓아버린

유혹 한 장

20241203

별은 늘 빛나지만 아스라이 빛나지만
머리맡의 아침은 외줄기 빛의 삼원색
전원을 딸꾹 누르면 우수수 격추되는

자전과 공전을 마친 그날이 되돌아와
다시 꺼내 읽어보는 오래전의 역사책
무리로 몰려다니는 책갈피 속 공포들

밤을 더듬는 내 창가에 늘 빛나던 별
등 속에 등을 켜고 태연히 바꾸는 빛
길들이 덜컹거리다 딸꾹 아침을 켠다

득음에 들다

서로 키를 맞추던 우듬지의 음표들
우우우 뒤엉킨 못 갖춘마디 솔숲을
바람이 아다지오로 지휘를 시작한다

하얗게 부서지는 협주 속 이탈한 음
물 주름 오선지 위 파도의 그 외마디
조약돌 신음소리가 한 음보를 더하고

음정을 놓친 지 한참 지난 달팽이관
박자를 부추기며 똑딱이는 메트로놈
득음의 새로운 영역, 나 이명에 들다

* 아다지오 : 악보에서 느린 4박자로 연주하라는 말
* 메트로놈 : 박자를 맞추는 기계

달래 향

엊저녁 얻어와 다듬어 둔 달래 한 줌
추위를 견디느라 더 진한 알싸한 향
아내의 뚝배기에서 보글보글 끓는다

단내쉰내 풀풀 나던 울 엄니 살림살이
해마다 고만고만 올라온 달래를 캐다
아궁이 매운 눈물로 끓여내던 그 젖내

전주천을 가다

마전교 지나 싸전다리 거슬러 올라가면

버들치와 멱을 감던 그 여름과 만난다

사고에 잠들어 있는 소리들이 깨어난다

강물에 발을 담근 너럭바위 빨래터엔

땟국물 거품 따라 흥얼흥얼 저문 날이

머리를 하얗게 풀고 바람으로 와 있다

기린봉 첫 구절이 잠잠하게 세를 불려

오목대 환히 잠긴 추임새에 솥을 걸고

한 대목 진하게 끓여 완창을 차려낸다

전지

마른 듯
생을 멈춘 듯…

겨울을 이겨낸 가지
꽃이냐 잎이냐 논쟁이 한창이다

나른히
날 선 봄볕이

툭,
자르는 화두

네로

달포 전 어스름께 고요를 찢던 고양이
윤나던 검은 재킷 다 헤진 채 걸치고
한 번도 빼든 적 없는 발톱이 섬뜩하다

덜미를 덮칠 것 같은 거리의 낯선 기척
쥐 잡듯 인터넷 뒤져 일자릴 찾아 물고
맞짱 뜬 고된 하루가 눈 속에 고여있다

눅눅한 반지하방에 아이들을 부려놓고
찬별이 어룽진 새벽 하루를 끌고 나와
검색창 지도를 켜고 길 하나를 당긴다

막 장

하루라도 허투루 보낸 날 있을까만
1부터 12까지 함께하다 홀로 남은
마지막 달력 한 장을 뜯지 못하겠다

때로는 환호하고 어떤 날은 절망하며
뜯겨나간 봄 여름 가을 뒤의 십이월
저 잘난 말들의 무게 짓눌린 상처라서

탑이 되다

옆집 사는 김씨 경매 청과를 쌓고 있다

채소며 과일 이름 헷갈리던 첫 출근부터

편견을 낳게 만드는 어눌한 말투와 행동

쌓다 보면 어디 한쪽 무너지기 일쑤지만

한길만 빗질하며 다시 추슬러 쌓은 날들

마이산 탑사 돌탑쯤은 비할 바 아니란다

그 숱한 지청구에도 묵묵히 지킨 자리

타고 난 뚝심에다 넉살까지 물씬 익어

온 동네 천덕꾸러기 경매장 대빵이 됐다

울퉁 불퉁

"까치샘 지나서 영이 그란디 갑시다"
실랑이가 벌어진 할머니와 택시 기사
기억을 한참 뒤지다 꺼내 디미는 쪽지

'베람빡에 영이 그란디 라 써 있단디'
할머니가 되뇌시는 무국적 외래 합성어
뜸 뜨듯 길을 더듬어 내일을 정독한다

* 영이 그란디 : O° 그란데 아파트

장화

김씨가 쫙 빼 입고 나서는 여산 오일장

각시 없인 살아도 장화 없인 못 산다는

질퍽한 황톳길 건너 갖은 폼 잡고 간다

장화를 벗어놓은 토방 같은 버스정류장

챙겨 온 낡은 구두 가랑이에 닦아 신고

유일한 소통의 길을 그렇게 잇고 있었다

질퍽거리며 마르지 않는 내 안의 진창길

엄마가 업어 건네준 울컥한 그 신작로를

짝짜기 장화를 신고 푹푹 느끼며 걷는다

혀의 논리

도심의 처마 밑에서
용케 찾아낸 옹달샘

물의 이권을 놓고 기싸움이 팽팽하다

혀들이 톤을 바꾸며
기회를 셈하고 있다

논리만 거푸 켜대며
뱉고 삼키는 보호색

조금 남은 낙숫물이 증발을 가속한다

풀들의 마른 혀에서
바스락 소리가 난다

골목 조망권

그늘이 살던 가지가 싹둑 잘려나갔다
겨울 볕이 능청스레 골목을 방문해서
앞으로
매일 이렇게
따스할 거라 한다

올봄도 꿈틀꿈틀 갈라진 틈에 돋는다
체온이 오르지 않는 불길한 이상기후
초록이 눈치를 줘도
늦추위는 뻔뻔하다

관측 이래 가장 길게 노동하는 보일러
언 몸이 습관이 된
골목길 나른해지고
몸 푸는 강물 소리를 빨아들이는 들판

긴 밤을 몰아낸 아침 환하게 핀 볕이
입김을 삼키다 말고 꺼내주는 한마디
괜찮아
등을 툭 치며
안부를 쓱 건넨다

둘째 마당

어긋난 한때

땡볕 가시

아침부터 가쁜 숨이 번지를 쌓고 있다
수은주가 키를 세워 보좌하는 저 땡볕
급소를 촘촘 가리고
용감히 맞짱 뜬다

지평이 휘청거리며 전파하는 어지럼증
가시에 찔린 것처럼 등 쪽이 따끔하다
짭짜름 끈적이던 땀
밍밍한 맛이 난다

온몸에 벌겋게 박힌 무형의 땡볕 가시
쉰내가 하얗게 돋은 맑은 피의 소금쩍
식은밥 몽롱이 말아
수혈하는 저녁이다

방통 토출구

처음부터 굳게 믿었던 내가 잘못이다
잘 나오던 모르타르 쿨럭이다 막히자
미장공 격한 호흡만
맥없이 쏟아진다

용도를 설명하고 주문한 배합과 묽기
계약서
등기부등본
중계사가 잘 섞어
꼼꼼히 확인했지만 이상한 곳 없었다

갑자기 막히는 모르타르 토출구같이
순간에 허를 찌른 영끌족 전세 사기
냄비가
이슈를 끓여
막힌 속을 위로한다

* 방통 : 실내 방바닥 등을 모르타르 시멘트로 편평하게 마무리하는 작업

대못

쾅 하고 내리치면
쾅
쾅
쾅
대답하는

콘크리트 빌딩 숲에도 메아리는 산다

일상을 빗당겨 치는
뜨거운
비명이다

그대, 안녕하십니까

화가 잔뜩 실려있는 현장소장 목소리
생각 없이 켜고 자른 합판과 목자재
버려진 자투리들이 수북이 쌓여있다

파를 계산해서 재단해야 했을 나무들
멀쩡한 자투리 쓸데 있을까 궁리하다
무더기 정년을 맞은 그들이 생각난다

노후를 기대고 버틸 일자릴 찾는다는
한강의 기적을 일군 오팔육 전후세대
젊음을 다 바친 댓가 그대들은 자투리

포크 댄스

조금의 이탈조차 용납되지 않는 동선

몇 번째 실수하는 까다로운 부분이다

연습실 바닥을 짚고 기억이 앞장선다

엉성한 춤사위에 야문 며칠을 잇대자

손가락 맞잡아 걸고 팽팽히 버텨선다

이대로 마무리되면 걱정 따로 없겠다

어쩌다 딱딱 맞는 그런 날도 있는 법

주고받는 것이라곤 눈빛이 전부였던

어긋나 야문 한때가 빙긋이 만져진다

풋풋한 기둥

건물의 척추가 되는 열두 개의 기둥들
몇은 동북쪽으로 또 몇은 남서쪽으로
제각각 기운 기둥을
바로 세워야 한다

수직 추에 맞춰 밀고 넘어간 쪽은 당겨
사방을 지탱하자 만들어진 사람인 자
어설피 밟고 온 길이
화들짝 일어선다

못 할 일 없을 것 같던 풋풋한 한때가
서로 밀고 당기기 전 기둥 같기도 해
통점을 쿡쿡 짚으며
한 획 더해 긋는다

찜찜한 난간

옥상을 빙 둘러 난간을 만들어야 한다
역 삼각 반달 모양 비석 건너 마름모꼴
목적에 멋까지 살린 한 채의 예술이다

처음 보는 모형들의 자릴 찾아 맞추다
신경만 곤두선 채 혼란스러운 머릿속
손해가 많을 것 같은 찜찜한 작업이다

반나절째 못 맞추고 땀만 뻘뻘 흘린다
살면서 모든 일이 흑자라면 좋겠지만
적자도 지나고 보면 한 조각 퍼즐이다

신공

한 군데만 시범적으로

해 보자는 제안에

들었다 놓아버린

주차장 몇 가닥 철근

신공법

기형의 척추

무너진 한 생이여!

조적 組積

벽돌 층층 쌓을수록 칸칸이 밀실이다
힘줄과 혈관이 될 파이프를 연결하며
내통할
전기와 온수
비밀통로도 낸다

퍼붓는 포화처럼 눈앞에 자욱한 먼지
며칠간의 사투 끝 숭숭 뚫린 그 틈에
관절을
우두둑 풀고
몰타르를 바른다

이념과 셈을 하다 잘못 놓인 첫 벽돌
서로를 갈라치며 대치하는 미로의 벽
그들의
아린 상처에
내 체온을 덧바른다

엇박자

찜질방 못지않은 콘크리트 부연 양생열
어떻게 해체를 해야 쉽고 힘이 덜 들까
조립한
역순의 기억
본능이 더듬어간다

유로폼에 빠루를 걸고 몸무게를 싣는다
몇 장쯤 힘껏 제끼다 기우뚱 놓친 균형
엇박자
통증을 참고
상처에 붙이는 밴드

욕심을 부리다 보면 찰나에 놓치는 박자
되치기당한 그 악수를 곰곰이 곱씹으며
삶은 늘

실수의 연속

또 한 수를 배운다

* 유로폼 : 일정한 규격으로 미리 합판 등의 뒷면에 쇠로 된 틀을 붙인 판넬 (panel)
* 빠루 : 쇠 지렛대의 일본식 현장용어

쯔엉 일기

신혼의 떨림조차 두고 온 코리안드림
주어진 오더는 안전을 위한 현장정리
손수레 위태한 외발 능숙하게 구른다

올 지나면 돌아갈 십수 년 등진 고향
숙녀가 다 됐다는 사진 속 낯선 얼굴
지금껏 버틸 수 있는 가장 큰 이유다

기우뚱 저무는 날 오늘도 야근이란다
달콤한 추가수당 가득 실린 싸이클로
외발의 허름한 수레 쯔엉의 꽃가마다

* 쯔엉 : 외국 노동자
* 싸이클로 : 베트남 인력거

램프의 미학

어깨가 맞닿아 있는 사선들의 변곡점

자동차가 오르내릴 경사로를 만든다

최대한 자리 확보와 소통이 우선이다

원형 구간 직선구간 구배를 계산한 후

서로 다른 사선들을 꼼꼼하게 맞추다

모난 돌 정 맞는다는 속담이 떠오른다

경험이 단호하게 외면하는 의견과 반박

안팎의 대칭에 맞춰 자르고 썰다, 아차

거푸집 뒤바뀐 경사, 해체해 다시 짠다

뼈를 맞다

살다 보면 휴식도 짐이 될 때가 있다
땀으로 흠뻑 젖어 천근 걸음을 떼다
긴장을 풀어헤치고 벗어버린 안전모

피할 겨를도 없이 덮치는 묵언의 경고
눈앞에 번쩍하고 노란 통증이 뜬다
낮에도 별 볼 일 있다고 뼈를 때린다

깜짝 놀란 관념이 녹슨 감각을 불러
머리를 감싸 쥐고 일깨운 만유인력
먼 별을 당겨보라는 따끔한 질책이다

하늘 계단

신호수 무전에 따라 좌 스윙 우로 스윙
지상이 멀어질수록 아찔하게 흔들리며
수없이 짐을 나르는 외발의 타워크레인

흔들리는 것 어디 내 몸 하나 뿐이랴만
아침을 곧추세우는 머리맡 그 찡한 눈빛
오늘도 하늘 계단을 태연한 척 오르내린다

자다가 벌 떡?

옆구리 터지는 것은 김밥뿐이 아니다
아침 일찍 불안하게 징징대는 전화기
터졌다, 서로가 놓친 거푸집 어딘가가

진동으로 돌려놓고 늦잠을 자다 벌떡
3루베 쯤 터졌다는 다급한 호출 소리
죽었다, 종일 삽질에 콘크리트 떡이다

삶은 늘 하찮게 여기는 곳이 말썽이다
김밥도 거푸집도 터져서는 안 되는 일
숨소리 헉헉 퍼 담아 삽질을 하고 있다

* 거푸집 : 건물 등을 지을 때 콘크리트가 흘러내리지 않도록 만들어 설치
 하는 가설물
* 루베 : 미터법에 의한 부피의 단위, 1세제곱미터

서포트

흔들리는 중심을 받쳐나가는 서포트

어깨를 밟아가며
공포감을 참아내며

옹벽에 몸을 맡기고
중심을 잡고 있다

겉으론 태연한 척
등줄기에 흐르는 땀

겹겹의 자재들이 온몸을 짓눌러도

연거푸 무등을 태워
반 평 하늘을 받친다

개~발

첫걸음 백 리 같이 아장이던 작은 마당
색시랑 손수 지어 할아버지 제금난 집
굴삭기 무지막 한 힘에 맥없이 무너진다

넘어갈 듯 버티던 사랑채 마지막 흙벽
풀썩 덮쳐 안고 눕는 구들장 탯줄 자리
저렇듯 한 줌 먼지로 돌아가는 자존이여

하루에도 수십 채씩 억장이 무너지듯
멀어지는 기척을 물끄러미 굽어보는
산그늘 할아비 갑장 소나무 등이 붉다

그리운 비

소나기가 지날 거란 빗나간 일기예보

갈증과 탈수 사이 찬물은 찬물일 뿐

오후는 작업 중지다, 폭염에 데마찌다

하얗게 비워두고 본능마저 비워두고

한 땀 한 땀 하늘을 손금으로 깁는다

허방에 대못을 치는 얼얼한 매일이다

* 데마찌 : 데미지(damage). 작업이 중단될 때 손해, 손실을 이르는 일본식 현장용어

지하 주차장

천년의 무게를 짊어질 주차장 하시라
철근을 배근해 놓고 검침을 기다린다
발밑이 뒤뚱거리자 더 까칠한 감독관

정확한 간격으로 몸과 몸을 옭아맨 채
증명의 증빙 사진 영정처럼 찍어두고
기둥의 듬직한 뼈가 땅을 짚고 일어선다

* 하시라 : 기둥의 일본식 현장용어

수평을 꿈꾸며

건물이 바로 서려면 수평이 기본인데
너무 많이 차이 나는 기초바닥 높낮이
팽팽히 실을 당기다 쓰이 튀어나온다

갑자기 불편해진 머릿속을 달래가며
필요한 자재들은 다 있는지 살펴본다
다행히 골고루 있는 오비끼며 다루끼

울퉁불퉁 두런대며 맞춰가는 네모도
고이고 받쳐주며 반듯하게 깔릴수록
공사장 폐자재처럼 쓸모 잃는 우리말

* 네모도 : 수평목의 일본식 현장용어
* 오비끼 : 81mm 정사각 목재. 대각재의 일본식 현장용어
* 다루끼 : 35mmx51mm 직사각 목재. 소각재의 일본식 현장용어

굽은 허리의 꿈

층고가 너무 낮다고 주장하는 건물주
높이면 일조권에 걸린다는 담당 감리
우리는
일을 멈추고
합의를 기다린다

한참 실랑이한 뒤 설계사가 달려오고
이십 전을 올리라는 오더가 내려왔다
몇 곳의
불협화음이
노바시로 얹힌다

온종일 별 볼 일 없는 하늘만 잇대다
눅눅히 저물어가는 시다의 모진 하루
밤마다

키 만큼씩의

노바시 꿈을 꾼다

* 노바시 : 펴다, 연장하다. 늘리다 라는 일본식 현장용어
* 전 : cm의 현장용어

터파기

나대지 군데군데 박혀있는 측량 말뚝

도면대로 방향 잡아 계측기를 앉히고

좌표를 들여다보며 집터를 닦고 있다

땅을 파내 다져가며 모양이 잡혀가는데

굴삭기 노련한 삽에 턱 걸리는 무게여

이 땅은 내 땅이란 듯 바위가 박혀있다

깨지며 바짝 날 선 바위 조각을 달래 눕혀

잡념 푸념 함께 비벼 쏟아붓는 콘크리트

몇 차쯤 버림을 쳐야 다할까, 이 죗값을

잡부

새벽부터 사람들이 모여드는 인력사무소
번듯한 직장인도 월급쟁이도 아니지만
철 지나 덜덜거리는 시동을 켜고 켠다

사람이 좋아 밤낮없이 싸돌던 창창한 날
후줄근 젖어오는 등줄기의 땀내가 좋아
늦깎이 고단한 일을 몸으로 즐기고 있다

거울 앞에 서보면 아직 팽팽한 이두박근
철없이 모르고 왔다 깊어져서 흘러가는
소금쩍 하얗게 돋은 달콤한 한때가 있다

셋째 마당

불립문자

피~씽

아! 그래요? 여보, 여보세요, 뚜뚜뚜…

물음을 자르고 달아나는 송수신 파

무언가 잘못됐다며 말꼬리가 흐렸다

다급히 쫓아가는 조금 전 발신 번호

낚였다, 그놈에게 내 비방이 뚫렸다

찰나의 그 깊은 상처, 통장 잔고는 0

꽃대

한 번쯤 꽂이고 싶은
그 소망이 멈춘 자리

제풀에 끊어진 퓨즈 짝사랑 흔적인 듯

천둥이

생을 마감한

피뢰침 접지인 듯

성돌이 되다

설움도

참고 묵히면

돌이 되어 쌓이는가

거중기로 들어 올린 뒤주에 얹힌 무게

화산에

옮겨 모시고

지어놓은 절명시여!

해장 후유증

달래장에 쓱쓱 비빈

무밥에 호박 된장국

맛있게 먹고 난 후 꾸르륵 탈이 났다

아뿔싸

찬으로 씹은

뒷담화가 지랄 났다

어떤 화폭

섹시한 맵시는 포기한 지 오래인 듯

굽이 꺾인 하이힐 한 손에 벗어들고

빗속을 허둥거리는 화장 짙은 아줌마

피할 겨를도 없이 흠뻑 젖은 실루엣

출렁이는 뱃살에 다 드러난 체면까지

손바닥 안팎에 겹친 한 폭의 자화상

공중제비

한 꼭지 맡으실래요? 암만, 그럽시다요

배우와 감독이 만나 한 말씀 하시는데

주연도 조연도 아닌 단역의 대역이란다

그래도 배우랍시고 몇 년째 어슬렁대다

어렵게 맡은 배역이라 잘 해내고 싶어

나이도 체력도 잊고 몸을 확 날렸단다

빙그르 공중에 뜬 그 순간은 좋았는데

갑자기 번개가 치고 눈앞이 팽 돌더래

한 꼭지 맞으셨나요? 암만, 출연료는요…

* 암만 : 그래요, 맞아요 등을 뜻하는 방언

나 사는 행간

촉촉이 봄비 내리면

심고 싶은 것이 있어

묵은 생각 걷어내고 북을 돋는 중이다

나 사는 층층 행간은

팍팍한

너덜지대

역주행을 꿈꾸다

유모차가 길을 끌고
뉘엿뉘엿 앞서간다

시간을 반추하려 역주행 꿈을 꾼다

바퀴가 굴리는 지구

체크인

체크아웃

애드벌룬

헬륨가스 빵빵하게 주입해야 떠오르는
채우면 채울수록 저 극단의 상승기구

내 안의 작은 풍선을
가만히 불어본다

떠올라야 하는 것 너에겐 일상이지만
점점 더 버거워지는 지상의 만유인력

부풀다 터지고 마는
일상을 불고 분다

김밥말이

국립대 정문 앞에 자리 잡은 타코 트럭
줄을 선 입맛들이 만들어낸 저 인간 띠
맞은편 김밥집 창에 한숨 짙게 서려있다

생소한 간판들이 서로 겨누고 있는 골목
외세에 밀리는 것이 김밥뿐만은 아닐 터
또띠아 그 멍석에 앉아 만감을 싸고 있다

환한 골목

네온싸인 불빛이 유혹하는 늦은 귀갓길
자꾸만 겉도는 발길 오늘따라 참 멀다
골목 끝 모퉁이 돌면 늘 그 자리 그 집

갈지자로 휘청이다 방향을 잃어버렸다
몸 따로 마음 따로 들끓는 방향들이
제각각 촉수를 뻗어 길들을 더듬는다

빙빙 돌다 운 좋게 마주친 낯익은 간판
와르르 무너지며 풀리는 내 안의 세포
유혹에 잠깐 빼앗긴 골목 끝이 환하다

뻐꾸기 집

벽에 걸린 괘종시계 얹혀살던 뻐꾸기
창 너머 잡힐 것처럼 만만히 뜨는 별
벅차게 자유를 물고 둥지를 날아갔다

쉼 없이 홰를 쳐야 날 수 있는 사실에
갈수록 무게가 얹혀 버거운 젖은 날개
뼈마디 깊숙이 배는 단칸방 그 살냄새

쪽잠 속 잡았던 돼지꿈도 새하얀 개꿈
태엽 풀린 시계처럼 옥탑방 하늘 아래
울음을 잃어버린 새, 침묵이 살고 있다

매운 단맛

몇 년을 준비해 오픈했다는 문어 빵집

하필이면 떡볶이집 그 옆에 문을 열어

익숙한 매운 냄새와 뒤섞여 오묘하다

엄마가 만들어 주던 대표 간식 떡볶이

경단 삼아 넣고 싶은 달큰한 타코야끼

콧등에 땀방울 돋는 내 몸이 저장한 맛

화려한 유산

꽃망울 살랑살랑 흔들어대는 부푼 바람
진통도 혼자서는 이겨낼 수 없는 걸까
꽃이란
사계를 딛고
그리 오는 선물이다

발길질 한창이다 점점 아파오는 아랫배
고통이 무뎌질 때쯤 환청 같은 첫울음
생이란
가장 화려히
그리 오는 유산이다

고만이 편지

삼투압 멈추자 곱게 물든 고마리 줄기
양지 쪽에 터를 잡아 일궈놓은 집성촌
거칠고 질퍽한 땅을
경영하며 살고 있다

연분홍 꽃등 켜고 화려한 한때의 여름
눈 흐린 시냇물에 사나흘쯤 흔들리다
빈 들에 바람이 차면
놓는 법도 알고 있다

콧등 시린 사연들이 누렇게 익어가면
쥐었던 손을 펴야 품 안이 집이 되는
내림의 단순한 생을
이미 살고 있었다

홍시

가을이 걸터앉은

길 끝의 굽은 등

적요를 흔들어대는 위태로운 저 심사

숨 가쁜 몰아沒我의 석양

눈 속의

노을 한 점

털

이순이 지나고 나면 알 것도 같았는데
어려서 지나치고 어려워서 이해 못 한
외마디 아비의 유언 풀리지 않는 난제

잡히지 않는 시어는 털일까? 터럭일까?
이승에 두지 못하고 삼켜버린 그 묘수
아버지 외통에 걸려 지금껏 풀며 산다

거미, 팔괘를 펴다

앞산 한 컷 옮겨와 주춧돌로 앉혀놓고
바람에 몸을 맡긴 채 기초를 짜고 있다
공중에 지구를 묶는 비장한 순간이다

풀대를 기둥 삼아 한 올 한 올 뽑아내
호숫가 하늘을 짚고 길을 끌어 잇는다
바람목 은밀한 낙하, 목숨 줄 팽팽하다

밤새 걱정 하다 아침 일찍 찾아갔는데
벼리를 당겨 붙여 감쪽같이 완성한 집
이음과 끊김의 이치, 팔괘의 진을 펴다

초경 初耕

전기가 처음 들어오던 날 겁쟁이 막내가

그을음 코딱지 파며 훅하고 끄던 등잔불

데구르 좋아 구르던 그 생각이 나는데요

공부가 좋다던 애가 밤낮의 경계를 넘어

투잡 쓰리잡 풀로 뛰며 수저를 닦는데요

막내도 이미 짐작한 요즘 말로는 흑수저

아빠 찬스 엄마 찬스 그런 거 하나 없는

지금을 살아가는 걔네들의 무너진 하늘

그래도 용이 산다는 그 개천 아직 있죠?

꽃들의 말

엄마가 접을 놓던 호박꽃 환한 아침

이슬로 진하게 쓴 꽃들의 말 읽는다

눈으론 읽을 수 없는

뭉클한

불립문자

아이 애먼소리

몇십 년을 잊고 산 영어 회화 배워볼까
속으로 중얼대는 어설픈
'아이엠 소리'
본능이 눈치를 채고
꽁무니 슬쩍 뺀다

유창한 영어 실력을 뽐내는 또래 몰래
기초편 틀어놓고 가만가만 따라 하다
발음이 꼬이고 말려
혀를 깨물고 만다

까마중

신열을 앓는 봄의 가쁜 숨을 보았다

생을 놓은 자리에 맺힌 설움도 봤고

속곳에

까맣게 굳은

그 순결까지도…

진도 아리랑을 듣다

먹구름 짙게 깔려 을씨년스런 서해바다
반란도 불사한 접을 수 없는 꿈을 안고
당당히 거센 물길을 헤쳐 나갔을 삼별초

새로운 세상 한번 열어보겠다는 삼 년여
스러진 그들의 꿈, 섬 속의 섬으로 남아
세마치 먹여친 장단 쟁쟁한 떼창입니다

넷째 마당

따끔한 등줄기

서벌의 이제는

니는 내 안 무섭노?
넌지시 떠 보시던
카랑한 그 목소리 귓가에 쟁쟁한데
뭣 하나
담긴 것 없는
텅 빈 쓰레기봉투

니도 내꼴 난데이!
넌지시 나무라시며
콧등에 식은땀 맺힌 그 깊은 자학의 잔
봉섭씨
저는 아직도
텅텅 빈 쓰레기봉투

*서벌 : 시조시인. 본명 서봉섭. 1939 ~ 2005 경남 고성

일기예보

온몸이 찌뿌둥하더니 쑤셔오는 뼈마디
무엇이든 묵을수록 절반은 요물인데
요즘엔 일기예보를
몸이 먼저 맞춘다

삐걱대는 창을 열 때면 늘 느끼는 친근감
비가 잠깐 그친 사이 된장을 뜨러 간다
해묵은 장독을 열자
가득 핀 푸른곰팡이

딴지 거는 천둥에 이명 하나 더 퍼왔는데
뼈마디 바람 대신 입맛이 새로 돋는다
된장에 풋고추 몇 개면
넉넉할 저녁이다

가위 바위 보

손가락 점을 쳐서 내미는 가위바위보
마디마디 짚어보면 분명 이기는 점괘
지문이 닳고 닳도록 괘를 짚고 짚는다

볕이 이런 날이면 꽃으로 올 것 같은
그대로 화석이 된 또렷한 얼굴 있어
올봄엔 기별이 올까 꼽아보는 손가락

기억을 환히 밝히다 우수수 벚꽃 지자
잎새 뒤에 숨은 설렘 까맣게 여무는데
여전히 가위바위보 괘를 짚다 놓친 봄

살

버려야 얻는 것은 꽃뿐만이 아니다

뭣 하나 남김없이
버렸다, 다 버렸다?

살이 된 한 움큼 먼지

손톱 밑

검

은

때

두물머리 소묘

편평한 곳에 터를 잡고 낚싯대를 던진다
물살에 흔들리며 잠길 듯 곧추서는 찌
한때의 벅찬 꿈들이 여기저기 뛰어오른다

쪽빛 하늘이 내려앉아 맴도는 두물머리
미동조차 없는 찌를 뚫어져라 지켜보다
간신히 고개를 내민 물풀의 말을 듣는다

월척이 확실한 듯 쑤 욱 밀어 올리는 찌
작심하고 잡아챘는데 등줄기가 따끔하다
지금도 욱신거리는 내가 낚였던 그 자리

그놈

후르륵 타고 오르는 날랜 솜씨를 보면

분명 특수훈련으로 단련된 놈일 거다

도무지 손쓸 수 없는 저 찰나의 공격

심야의 기습으로 점령당한 계단과 통로

타닥타닥 다가오는 그놈 소리를 피해

퇴로를 찾아봤지만 앞뒤 모두 막혀있다

연기 속에 고립된 채 호흡이 막힐 때쯤

반격의 물대포에 주춤하고 꺾이는 기세

그 틈을 비집고 뛴다, 가랑이가 축축하다

봄, 우크라이나

철조망 울타리를 휘감아 덮은 환삼덩굴
이념이 대치하는 일촉즉발 전장터처럼
키 낮춘 유채꽃들이 은폐 엄폐 숨어있다

포연 같던 미세먼지 모처럼 맑은 하늘
울 너머 노란 꽃밭에 하늘이 내려앉아
간절히 펼쳐 흔드는 그대들의 깃발 같다

제 목숨 칭칭 감은 환삼덩굴 습성처럼
유린당한 조국을 몸 던져 지키는 이유
벙커 속 엄마의 품 안 해맑은 눈, 눈빛

진사동 가는 날

눈감고 귀 닫고도 갈 수 있는 수우재
매년 새로운 십일월 첫째 주 토요일
문학관 지켜 앉으신
옆자리가 애섧다

탱자나무 배롱나무와 어깨를 견줘가며
사무국장 이십여 년 이어 맡은 부회장
올해도 그 곁에 앉아
응석을 부려야겠다

먹감나무

며칠째 국지성 비가
무지막지 퍼붓는다

터지고 넘쳐 덮치며
휩쓸고 간 행간 사이

툭, 하고
지구를 향해
물음표를 떨군다

밥

개미가 지나는 길 모르고 밟고 말았다
달려들고 비껴가고 다시 오다 달아나고
개미도
별 별놈들이
다 있구나 생각했다

아침저녁 분주한
수많은 희망과 절망
지하도와 횡단보도 드나들고 건너고
어디를 바삐 가느라
저리 정신없을까

잠시 흩어졌다 대오를 잇는 개미들처럼
다를 바 없는 일상을 살아가는 사람들
발바닥
바쁜 만큼만
밥이 됐으면 좋겠다

때기 떽끼

우리 동네 귀뚜리는
때기 떽끼 때기 떽끼
밤새도록 목을 높여 온 동네 들쑤신다
어느 놈 혼내려는지 핏대 세워
때기 떽끼

말이 아니면 듣지 마
야단치듯
때기 떽끼
나보고 똑바로 살라 호통치는 것도 같아
속으로 따라 해 보는
때기 떽끼 때기 떽끼

그리운 바가지

똥을 싸시려면 똥구멍으로 싸야 하는데

거참! 왜 거꾸로 싸 짓뭉개고 그러실까

냄새가 지독한 것이 못 드실 것 드셨나?

선진국에 진입했다는 살기좋은 우리나라

내뱉고 아니면 마는 역류성 저 궤변들

김두한 할아버지의 그리운 그 바가지여!

망해사 일몰

어디가 지평이고
어디가 수평인지

길 끝의 만금 벌 노을에 붉게 탄다

우리도

저렇듯 한때

타오른 적 있다

광대나물

솜털 까끌한 깃을 바짝 세운 층층 번지
서둘러 올려놓은 광대 옷 닮은 작은 꽃
무엇을 엿보러 왔나 나비들이 분주하다

이 꽃 저 꽃 휘휘 둘러 분내를 찾아내
꽃잎을 들춰보다 끌어안고 입 맞춘다
자줏빛 각진 줄기가 더욱 짙게 붉는다

봄비가 지나간 뒤 흙냄새 상큼한 아침
나비들이 수상하게 들떠있는 풀밭 속
가슴을 당당히 열고 품어 물린 한 생

지렁이

세상 구경 잠깐에도
목숨을 걸어야 하나

밟으면 꿈틀거리는 속성은 그대론데

맞짱도
때가 있는 법
땡볕에 뜨고 있다

다시 첫발

초승달 내려다보는 몸에 밴 포구 바람
꼬맹이 적 꼬맹이가 은빛 모발 날리며
장난끼 더듬어 들고 물수제비를 뜬다

윤나는 조약돌로 한 바퀴 돌아온 꿈길
아무리 가늠해도 깊이를 알 수 없어
물 제비 징검을 딛고 다시 첫발을 뗀다

개미집

무심코 걷어찬
돌 밑에도 세상은 있다

짓눌린 네 하늘은
절반쯤 되겠지만

하얗게
굽은 등뼈가
일으키는 오늘이 있다

대동여지도

붓끝이 마르기 전 그려 넣은 초벌 목판
밤새 불어난 풍문이 앞을 막아서더라도
계절이 앞장선 길을 걷고 재는 일뿐이다

넘고 건넌 사연들이 산과 강으로 만나
뉘엿뉘엿 봇짐 뒤에 달고 온 발자국이
노을이 붉어질 때면 함께 붉어 왔었다

첫발 뗀 자리를 짐작으로 따라가 보면
지명 위에 겹쳐있는 새로 생긴 지명들
간만에 내비를 켜고 없는 길 찾아간다

첩첩 목판 맞춰질수록 밀려오는 불안함
낱낱의 산맥과 강을 이어보고 만져가며
스물둘 대동여지도 정맥 하나를 넘는다

고해

너에게 꼭 해주고 싶은 말이 있었다

어금니 앙당 물고
수 없이 망설이다

이제는
바위가 된 말

꺼내지 못하겠다

벚꽃 지다

봄비에 죽창처럼 키를 훌쩍 세운 보리

열두 척 아직 남아 때맞춰 진을 폈나

울돌목

둥둥 떠가던

그날처럼 놓는 목숨

명품 구두

새로 산 구두를 신고 폼 잡고 걷는데

발 따로 구두 따로 뒤꿈치가 따끔하다

스스로 제 발에 씌운

한 켤레

덫이다

신화2리

화마가 할퀴고 간 잿더미 세간살이를

이리저리 뒤적이는 초로의 아주머니

넋 놓고 뼈대만 남은 TV를 헤집는다

흔적조차 찾기 힘든 새로 산 냉장고와

삼십여 년 추억들이 놓였던 정든 자리

남은 건 몸뚱이 하나 기억을 훑고 있다

새우잠 쪽잠 자다 벌떡벌떡 잠을 깨면

한 생이 무너지며 눈앞에서 춤추는 불

울진군 북면 신화2리, 길이 길을 묻는다

김종빈 시조집 해설

고비와 절규를 넘어
발화하는 수평(水平)의 시학

정용국(한국시조시인협회 이사장)

1. 들어가며

　시인을 일컬어 개별 공화국이라고 말하는 데에는 그만한 특별한 근거와 특징이 있다. 시인이 창작하는 단 한 편의 시에도 그의 삶과 주장, 그리고 경륜과 상상력이 오롯이 담겨있기 때문인데 시는 그의 주관과 각별한 감정의 소산인 것이다. 한 시인이 창작물을 집필하기 까지는 출생

이후 부모의 정성 어린 양육을 기본으로 사회적 통념과 계통이 있는 오랜 교육 기간이 필요하다. 또한 그가 사회적 기본 틀 안에서 국가의 이념과 사회 제도는 물론이고 종교적 흐름 등과 조화롭게 성장하여야 가능한 일이다. 그러나 인간이 헤쳐 나가야 하는 삶의 모든 과정에는 순리만 작용하는 것은 아니어서 성인으로 성장하는 데는 수많은 고비와 마찰을 겪어야 한다. 가정에도 많은 변수와 조건이 존재하며 출생지와 사회는 물론이며 국가와 종교 등은 개인의 성장과 인격 형성에 지대한 영향을 주게 된다. 이렇게 긴 시간과 변화를 거쳐 인격체로 성장한 개인이 구현해 내는 창작물은 또 하나의 작은 세상이며 이상 세계라 부르게 되는 것이다. 동학 2대 교조인 해월은 인내천(人乃天)의 이상을 구현하기 위해 용시용활(用時用活)을 주장한 바 있는데 이는 시간과 기운을 세상에 적절하게 쓸 줄 알아야 한다는 의미였으니 시인이 짓는 창작물도 세상에 빛이 되는 건강하고 긍정적인 이미지를 발현하는 것이 궁극의 목표라 하는 것도 지나치다 할 수는 없을 것이다. 결국 동학의 기운은 사람을 하늘과 같이 받들어 모시고 사람이 사람답게 살 수 있는 세상을 만들게 하기 위하여 동학농민혁명을 도모했으나 성공에 이르지 못하고 국가가 외세를 끌어들이는 빌미를 주고 말았지만 많은 백성들이 각성하는 기회가 되었고 권력층에서도

성찰의 계기가 되었으니 나름 큰 의미가 있는 사회적 기회였다. 시인이 창작해 내는 작품도 이러한 혁명과도 같이 독자들에게 지혜와 감명을 주며 때로는 사회와 국가의 시국을 돌아보고 반성과 참여 등의 동기를 부여하는 계기가 되는 중요한 역할을 한다고 보아도 무방할 것이다.

김종빈 시인은 베이비부머 세대에 태어나 첫 사회생활을 기능인으로 출발하였다. 그가 성장한 70년대 대한민국은 개발도상국으로 모든 사회 구조가 공업 입국의 기치 아래 전력 질주하던 시절이었다. 경제개발계획이 수립되고 국가와 모든 국민은 기계 조직처럼 일사불란하게 움직였다. 조선과 화학은 물론이고 자동차 생산 공장들이 마치 동화와 같이 질주하기 시작한 시절이었다. 젊은 피들은 공장에 즉각 투입되었고 전국에는 실업계 학교들이 활기를 띠며 학생들의 열기로 가득했다. 김종빈은 이런 산업 역군의 구성원으로 시작하였지만 시인의 기운을 타고난 운명을 고스란히 받아들인 사람이다. 그래서 기계를 전공했던 시마(詩魔)에 들린 청년은 다시 국어국문학과를 찾아가 새로운 공부를 하게 되었고 벅찬 발길은 듬직할 수밖에 없었다. 기술자의 길에서 인문학으로 갈아탄 인생의 길은 낯설었지만 푸근하고 열정이 가득한 새롭고 신나는 여정으로 다가왔으리

라. 새 시집에는 이를 반영이라도 하듯 자신이 직장에서 영위하고 있는 여러 가지 기술적 측면에서 바라본 인생을 다양한 시각으로 파악하고 그려낸 작품들이 많다. 이런 특별한 시조는 그의 경륜을 업고 새로운 서정과 어울리며 재미를 더하는 실감 나는 일상을 보여주고 있다. "노후를 기대고 버틸 일자릴 찾는다는/ 한강의 기적을 일군 오팔육 전후세대/ 젊음을 다 바친 대가 그대들은 자투리「그대, 안녕하십니까」" 이러한 감정들은 독자에게 각별하고 신기한 느낌으로 다가올 것이며 김종빈 시인의 숨겨진 면모와 익숙한 삶의 현장으로 이끌어 줄 것으로 보인다.

2. 현장에서 체득한 수평의 지혜

김종빈은 1991년 자유시로 일찍 문단에 나왔지만 시조로는 2004년에야 등단하였다. 그가 시를 쓰기 시작한 시절은 그래도 한국의 경제가 크게 성장하여 OECD 국가로서의 위용도 지키게 되었으며 문화의 가치도 눈에 띄게 성장한 시기였다. 시조집 『맨홀 속에 나는 산다』에 실린「오월, 그 오월」에는 그가 산업 역군으로 보냈던 시절이 들어 있다. "조국 근대화의 기수라는 견장을 달고/ 정부미 푸석한 밥을 맛

있게 함께 먹은/ 광주가 고향인 친구 끝나지 않은 봄방학"은 1980년의 광주에 그가 작업복을 입고 서있는 모습을 그리고 있다. 시조집의 해설에서 오종문 시인은 "김종빈의 시조는 한 수 한 수가 아름답게 잘 짜인 문장, 독자를 현혹하는 알쏭달쏭한 상징, 사물 예찬이나 비유적 이미지가 승한 시조의 흐름 속에서 한 빛깔 담담한 목소리로 자신의 시 세계를 구축해 왔다."라고 평하고 있다. 이제 시조를 쓰게 된 지도 훌쩍 20여 년이 지난 그의 시는 이순의 농익은 시절을 달리고 있지만 아직도 현장의 목소리는 여전하고 어깨도 당당하게 늠름하다.

새벽부터 사람들이 모여드는 인력사무소
번듯한 직장인도 월급쟁이도 아니지만
철 지나 덜덜거리는 시동을 켜고 켠다

사람이 좋아 밤낮없이 싸돌던 창창한 날
후줄근 젖어오는 등줄기의 땀내가 좋아
늦깎이 고단한 일을 몸으로 즐기고 있다

거울 앞에 서보면 아직 팽팽한 이두박근
철없이 모르고 왔다 깊어져서 흘러가는
소금쩍 하얗게 돋은 달콤한 한때가 있다

- 「잡부」 전문

「잡부」에 나오는 화자는 시인과 일치하지는 않겠지만 "거울 앞에 서보면 아직 팽팽한 이두박근"은 시인의 강단과 다르지 않다. 비록 일거리가 많지 않아 "철 지나 덜덜거리는 시동을 켜고 켠다"고 하지만 화자는 "사람이 좋아 밤낮없이 싸돌던 창창한 날/ 후줄근 젖어오는 등줄기의 땀내가 좋아/ 늦깎이 고단한 일을 몸으로 즐기고 있다"고 표현하고 있으니 시제에는 "잡부"라고 하였지만 스스로 자신이 하고 있는 일에 자족하며 살았던 "달콤한 한 때"는 빛나는 청춘의 시절이었다고 할 만 하다. 한국 사회에는 아직도 직업에 대한 편견이 크게 존재한다. 힘들고 몸을 쓰는 노무직이나 영업직종은 누군가 반드시 수행해야 하는 것이지만 애써 무시하고 전문직이나 사무직을 선호하는 경향이 심하다는 것이다. "번듯한 직장인도 월급쟁이도 아니"라는 표현만 보더라도 '잡부'에 대한 우리 사회의 편견을 들여다 볼 수 있다. 더구나 현장을 지키며 땀 흘리는 업종의 소득이 사무직에 비해 떨어지는 현상은 심각한 사회 문제라고 할 수 있다. 그러니 시제로 쓰인 '잡부'라는 말은 노동을 폄훼하는 언어라고 볼 수도 있다. 세상에 인간을 위하여 수행하는 일 중에 잡스러운 것은 있을 수 없기 때문이다. 잡부야말로 어느 누구에게도 도움을 주고 작업을 함께 수행하는 입장의 인부일 것이니 듣기에도 거슬리는 바람직하지 않은 명칭이라고 볼 수 있다. 힘든 노동을 마치고 "소금쩍 하얗게 돋은" 인부의 등은 얼마나 소중한 장면인가.

> 건물이 바로 서려면 수평이 기본인데
> 너무 많이 차이 나는 기초바닥 높낮이
> 팽팽히 실을 당기다 쓰이 튀어 나온다
>
> 필요한 자재들은 다 있는지 살펴본다
> 다행히 골고루 있는 오비끼며 다루끼
> 갑자기 불편해진 머릿속을 달래가며
>
> 울퉁불퉁 두런대며 맞춰가는 네모도
> 고이고 받쳐주며 반듯하게 깔릴수록
> 공사장 폐자재처럼 쓸모 잃는 우리말
>
> ― 「수평을 꿈꾸며」 전문

"수평"이라는 단어는 공사 현장에서 중요한 말이지만 사회학적 용어에서도 '균형, 평등'의 의미로 해석할 수 있는 개념이다. 건축에서의 수평은 모든 무게중심을 지구 축에 맞추어 직각으로 만드는 작업을 말한다. 현장에서는 쉽게 실에 돌을 매달아 바닥과 수직을 잡는 일인데 이는 '수평'한 기초 위에 가장 안전하게 건축물의 중심을 구축하는 방법이다. "너무 많이 차이 나는 기초바닥 높낮이" 위에는 수직으로 건축물을 쌓는 것이 불가능하다. 그러니 당연히 작업자의 입에서 "쓰이 튀어 나"오는 것은 현장에서 흔한 일이리라. 시인은 위 작품을 통하여 '우리말의 수평'을 말하고 싶은 것이다. 작업장에서 아직도 통용되고 있는 일본 용어들의 실태를 아쉽게 생각하는 시인은 "울퉁불퉁 두런대며 맞춰가는 네모도/ 고이고 받쳐주며 반듯하게 깔릴수록" 수평은 잡히는 것이지만 "공사장 폐자재처럼 쓸모 잃는 우리말"은 현장에서 '수평'을 찾지 못하는 현실을 안타까워 하고 있다. 수평은 어느 한쪽이 높거나 낮으면 깨어지게 마련이다. 한국의 경제력과 문화가 높아지면 당연히 언젠가는 일본어의 위세도 극복될 것으로 믿는다. 시인은 건축 현장의 수평을 이야기 하지만 진실한 속내는 '우리말'의 처지가 열세를 이겨내고 당당하게 수평을 잡아가기를 바라는 꿈이려니 얼마나 의젓한 일인가.

    삶은 늘 하찮게 여기는 곳이 말썽이다
    김밥도 거푸집도 터져서는 안 되는 일
    숨소리 헉헉 퍼 담아 삽질을 하고 있다
                                 - 「자다가 벌 떡?」 부분

    유로폼에 빠루를 걸고 몸무게를 싣는다
    몇 장쯤 힘껏 제끼다 기우뚱 놓친 균형
    엇박자

통증을 참고
상처에 붙이는 밴드

욕심을 부리다 보면 찰나에 놓치는 박자
되치기당한 그 악수를 곰곰이 곱씹으며
삶은 늘
실수의 연속
또 한 수를 배운다

- 「엇박자」 부분

 삶은 코앞에 닥쳐오는 버거운 문제 해결의 연속이다. 학업을 마치고 나면 군대에 가야 하고 전역하면 또 취업이 당면 과제다. 꿈에 부푼 결혼도 잠시 내집 마련에 자식을 부양해야 하는 급선무들은 끝도 없이 밀려온다. 건축 현장에서도 늘 문제가 발생한다. 아무리 시공 도면대로 원칙을 지켜도 사소한 문제부터 막중한 실수까지 한눈 팔 새가 없다. "김밥도 거푸집도 터져서는 안 되는 일"이지만 "삶은 늘 하찮게 여기는 곳이 말썽이다" 인생의 도정이 어찌 보면 누군가 살짝 흙으로 덮어 놓은 구렁텅이를 위험하게 건너가는 것 같은 느낌이다. 음표에는 정확하게 박자를 표시해 놓고 쉼표와 이음표가 그려져 있지만 늘 앞서가거나 박자를 놓치고 마는 것이 일상이다. 그래서 "엇박자"는 피하기 어렵고 "기우뚱 놓친 균형"은 상처를 유발한다. 일을 빨리 끝내려고 서두르거나 "욕심을 부리다" 힘 조절을 놓치면 "찰나에 놓치는 박자"로 "되치기당한" 꼴이 되고 만다. 화자도 능청스럽게 "삶은 늘/ 실수의 연속"이라고 넘어가지만 "통증, 상처"는 지우기 힘들다. 김종빈은 이제 현장에서 노련한 기술자일 것이지만 작품에도 수많은 실수와 문제가 동반하는 것을 보면 역시 삶은 어려운 과정의 연속이다. 늘 되돌아보며 조심해서 내딛는 일상인데도 쉬운 일은 없지 않은가. 작고 섬세한 틈새를 지켜내려고 인간은 '수평을 꿈꾸며' 힘을 내는 것이 순리이다.

3. 젖은 일상에서 건져 올린 위무의 편지

인간의 삶은 즐겁고 행복한 일상보다 늘 문제를 해결하고 부대끼며 고비를 넘어가야 하는 힘들고 긴 여정이다. 그래도 사람들은 자신의 신념과 의지로 버거운 무게의 역할과 도리를 지켜내며 살고 있는 모습은 때로는 장엄하고 경건하다. 아무리 사소하고 작은 임무라 할지라도 가정과 사회를 이루며 견지하는 개인의 일상은 커다란 조직의 밑거름이 되고 튼실한 기틀로 작용한다고 볼 수 있다. 개미가 작고 여리지만 자신들만의 공간과 조직을 갖추고 공동생활을 유지하는 모습에서 볼 수 있듯이 인간의 생활은 세상에서 잘 갖추어진 최고의 시스템이라고 생각한다. 개인은 구성체의 가장 작은 기초 단위로 조직과 마주하며 대화하고 협상을 통하여 마찰을 해소하는 적극적이고 존엄한 객체로 활동한다. 화해와 상생을 기본으로 한다 하더라도 때로는 대립하고 불통하게 되지만 어렵더라도 서로 상생과 평화를 앞세우며 고충을 해결하게 된다. 이러한 과정이 바로 세상의 모습이고 늘 건강하고 바르지 않더라도 젖은 일상을 벗어나려는 노력은 서로에게 따뜻한 위로와 힘으로 작용한다.

안부를 물어뜯는 급한 성미의 물가표

내 모든 인연에게 되묻는 안녕하세요

괜찮냐 밥은 먹었냐 벌이는 쏠쏠하냐

눈과 코를 유혹하는 식욕을 억누르며

불안한 안녕들이 꿈꾸는 똑같은 번지

역세권 위로 한 장을 그 위에 붙인다

아침마다 투덜대며 집값은 또 뛰지만

희망을 떠먹이며 붓고 있는 청약통장

주머니 축축한 일당 온돌처럼 따숩다
- 「위로 한 장」 전문

    남고 넘치는 것보다 부족한 것이 항상 더 많은 곳이 우리가 살아야 하는 세상이다. "안부를 물어뜯는 급한 성미의 물가표"는 '부족'을 상징하는 삶의 대표 언어가 아닐까. 자유자본주의 경제를 최상의 이상으로 받들어 모시고 사는 우리 사회는 그것이야말로 가장 우수하고 적당한 원칙이라고 생각하는 사람이 많다. 그러나 자본주의는 철저하게 가진자를 우위에 놓고 계산하는 경제의 방식이다. '최소의 투자로 최대의 이익을 창출한다'는 구호 아래에서 인간성이나 건전한 거래, 그리고 공익은 무시될 수밖에 없다. 병원에서 의사가 수입을 제1의 기치로 진료한다거나 사립학교의 운영이 자본주의 방식으로 진행된다면 환자의 건강과 학생의 안전은 담보하기 어려울 것이다. 자본주의 앞에 '자유'라는 개념이 붙으면 더 위험하고 일방적인 거래 방식으로 발전할 것이며 '공공(公共)'이라든지 '건전(健全)'이라는 개념의 다중성은 사라지거나 무시당하고 만다. 그리하여 결국 세상은 "불안한 안녕들이 꿈꾸는" 곳이 될 것이고 "내 모든 인연에게 되묻는 안녕"은 요원해져서 갑(甲)만 우세하고 을(乙)은 늘 약자로 푸대접을 받는 사회로 전락하지 않을까. 위 작품에서 "역세권"과 "청약통장"은 서로 대척점에 서 있는 용어로 볼 수 있다. '역세권'은 교통이나 교육 환경이 우세한 지역에서 발생하는 경제적 프리미엄을 말하지만 '청약통장'은 약자에게 주택 구입의 기회를 창출해 주기 위한 공익사업에 해당하기 때문이다. 그래서 "주머니 축축한 일당 온돌처럼 따숩다"고 표현한 청약통장은 우리 시대에 을에게 건네는 포근한 "위로 한 장"이 되는 것이다.

> 벽에 걸린 괘종시계 얹혀살던 뻐꾸기
> 창 너머 잡힐 것처럼 만만히 뜨는 별
> 벅차게 자유를 물고 둥지를 날아갔다
>
> 쉼 없이 홰를 쳐야 날 수 있는 사실에
> 갈수록 무게가 얹혀 버거운 젖은 날개
> 뼈마디 깊숙이 배는 단칸방 그 살냄새
>
> 쪽잠 속 잡았던 돼지꿈도 새하얀 개꿈
> 태엽 풀린 시계처럼 옥탑방 하늘 아래
> 울음을 잃어버린 새, 침묵이 살고 있다
> — 「뻐꾸기 집」 전문

한국에서 '집'은 특별한 의미로 존재한다. '내 집 마련'이라는 말은 모든 국민에게 필수조건으로 각인되어 있으며 아파트로 대변되는 집의 크기와 상표, 그리고 집의 소재지는 부의 상징으로 불린다. 그래서 그 유명한 '대치동 은마 아파트'는 평당 가격이 억 원을 넘어선 지 오래다. 강남 소재 아파트에 사는 학생들의 유명 대학 진학률도 확실하게 다른 지역과 구별될 정도로 전 국민에게 알려져 있다. 서울 강남의 아파트는 사람이 사는 집이 아니라 '귀신이 씻나락을 까먹는' 허상 같은 존재로 변해 버렸다. 오죽하면 '뻐꾸기 시계'가 「뻐꾸기 집」으로 변해 "옥탑방"으로 패러디되었을까 생각해 보면 너무 공허해서 웃음이 터지고 만다. 서민들이 살고 있는 "뼈마디 깊숙이 배는 단칸방 그 살냄새"와 "버거운 젖은 날개"는 "새하얀 개꿈"이 되어 매 시간마다 정답게 나와서 울어주던 뻐꾸기는 "울음을 잃어버린 새"가 되어 버렸다. "쉼 없이 홰를 쳐"도 모진 삶을 견뎌내기 힘든 뻐꾸기는 사라져 버려서 이제 '뻐꾸기 집'에는 "침묵이 살고 있다"는 우리 사회의 그림자가 너무 서글프다.

    삼투압 멈추자 곱게 물든 고마리 줄기
    양지 쪽에 터를 잡아 일궈놓은 집성촌
    거칠고 질퍽한 땅을
    경영하며 살고 있다

연분홍 꽃등 켜고 화려한 한때의 여름
눈 흐린 시냇물에 사나흘쯤 흔들리다
빈 들에 바람이 차면
놓는 법도 알고 있다

콧등 시린 사연들이 누렇게 익어가면
쥐었던 손을 펴야 품 안이 집이 되는
내림의 단순한 생을
이미 알고 있었다
- 「고만이 편지」 전문

'고만이'를 아는 사람은 이제 구닥다리라는 말을 들어야 할 것이다. 예전에 어머니들은 고만이를 무척이나 의식해서 조심스럽게 모든 일에 삼가며 살았다. 사전적 의미로 고만이는 '재물이 늘거나 벼슬이 오르는 것을 막는다고 하는 귀신'이라고 되어 있지만 어려운 살림을 꾸려 나가야 했던 여염집 엄마들에게는 그저 살림이 조금 나아지거나 편안해지는 꼴을 방해하는 속담쯤으로 알고 있어서 늘 주변을 경계하고 허영심을 자제하는 규범으로 새겨들었던 것이 '고만이'였다. 그러니 억지로 '욕심을 내지 말고 고 만큼만 살아라' 해서 고만이로 생각하며 살았으리라. 물가에 사는 "고마리 줄기"도 "화려한 한때의 여름"을 경계하며 "질퍽한 땅"에서도 "놓는 법을 알고 있다"고 하였으니 자연의 이치를 이렇게 섬세하게 새겨듣고 살았던 우리 어머니 세대의 조신함이 새롭게 보인다. 아무리 욕심을 내어서 무엇이든 잡으려 하는 신세대들은 "쥐었던 손을 펴야 품 안이 집이 되는" 성경 같은 말씀을 어찌 알겠는가. 그악하고 힘겨운 삶을 버텨내면서도 "내림의 단순한 생을" 몸으로 새기며 살았던 '고만이 편지'가 우리에게 알려주는 바가 크다 하겠다. "빈 들에 바람이 차면/ 놓는 법도 알고 있"는 구닥다리 세대의 셈법이 지혜롭게 다가오는 요즘이다. 베이비 부머 세대로 태어나 현장의 삶을 지켜온 김종빈 시인의 셈법에서 받게 되는 진실한 '고만이'의 위무가 각별하다.

4. 절규로 받아든 생명의 근원

꽃은 식물이 목숨을 다하여 피워 내는 절대 절명의 작업이며 생명을 잇는 최선의 방식이다. 모든 식물은 꽃을 피우기 위해 존재하며 그 대가로 생명을 이어나간다. 어느 꽃을 보더라도 아름다우며 각별한 모양과 향기를 지니고 주어진 임무를 철저하게 수행한다. 또한 자신이 뿌리내린 악조건도 마다하지 않고 경건하게 받아 들며 환경이 가져다주는 다양하고도 험난한 환경을 무릅쓰고 전력투구로 꽃을 피워 결국 열매를 맺는다. 이러한 한살이를 자세하게 살펴보는 일은 생명을 들여다보는 중요한 계기이며 자연과 인간은 물론이고 우주를 이해하는 겸허한 마음으로 다가온다. 결국은 자연이 얼마나 위대하며 불멸의 정신으로 가득 차 있는가를 느낄 수 있게 된다. 투박하고 거칠게 살아온 김종빈의 시조에 꽃의 말들이 조붓하고도 탐스럽게 들어 있는 것이 새롭고 신기하지만 그만큼 그의 삶이 생명으로 충일(充溢)하였으며 시인으로서의 안목이 자상하고 정성스럽다는 각별한 인상을 받게 된다.

한 번쯤 꽃이고 싶은
그 소망이 멈춘 자리

제풀에 끊어진 퓨즈 짝사랑 흔적인 듯

천둥이

생을 마감한

피뢰침 접지인 듯
  　　　　　　　　　　　　　　　　－「꽃대」 전문

현대적인 모든 건물의 전기 인입구에는 안전차단기가 설

치되어 있지만 예전에는 집집마다 '두꺼비집'이라는 장치가 있었다. 두꺼비집 안에 있는 "퓨즈"는 납으로 되어 있어서 집 안에서 과도한 전류를 사용하거나 밖에서 급격한 전압의 변화가 왔을 때 전원을 차단시켜 화재나 전기 사고를 방지하기 위한 안전장치의 일종이었다. "피뢰침"도 번개로 말미암아 벼락이 칠 때 발생하는 엄청난 전류를 받아서 지면에 연결된 접지장치를 통해 안전하게 소멸시키는 장치이다. 피뢰침은 시에 자주 등장하는 말이지만 시조에 '퓨즈와 접지'라는 시어를 동원한 것은 아마도 김종빈이 실업계 출신이어서 가능한 일이 아닐까 생각한다. 두꺼비 집 안에 설치된 '퓨즈'는 온갖 전기작용이 있을 때마다 모든 과전류와 고전압을 견디며 집안의 안전을 지키는 수호신이다. 만약에 퓨즈가 위험한 시기에 끊어지지 않으면 집의 안전은 무너지고 만다. 끝내 버티고 버티다가 마지막 절정의 순간을 "한 번쯤 꽂이고 싶은/ 그 소망 멈춘 자리"라고 표현하였고 "제 풀에 끊어진 퓨즈 짝사랑 흔적인 듯"이라고 일부러 밋밋하게 에둘러 말하고 있지만 '퓨즈'가 끊어질 때는 고압 전류가 흐르고 견딜 수 없는 고통이 동반한다. 그렇게 힘들고 큰 아픔이 지나간 자리에 "꽃대"는 올라오고 아름답고 예쁜 '꽃'이 마침내 피는 것이리라. 시인은 초장과 중장을 합하여 '짝사랑'을 말했고 다시 종장에서 더 큰 "천둥"을 등장 시켜 "꽃대"의 진원지를 강조하고 있다. 그러니까 단수 한 편에 사랑의 고비를 두 개나 장치하며 '꽃'의 위대한 발화를 소명하고 있다. 그저 "꽃이고 싶은/ 그 소망" 앞에서 턱하고 숨이 멎고 만다.

    누굴 기다리느라 그리움 길게 뺐을까
    달이 넘는 그 고비 태연히 뒤를 밟아
    외딴집 구겨진 창이
    푸념처럼 밝는다

    바람도 처마에 들어 기별은 잠잠한데
    고요를 활짝 여는 한 송이 마른 기척
    눈가에 마중을 나와
    짓물러 짙게 탄다

    까치가 부산한 날엔 목은 더욱 길어져
    길 끝에 꺼내놓는 가슴 속 그 불씨들
    사나흘 화르르 타는
    꽃으로 온 절규다

                               - 「상사화」 전문

상사화는 생장 특성에서 유래된 여러 전설 같은 배경이 저간에 잘 알려져 있고 이를 소재로 한 작품도 수없이 많기 때문에 유사한 작품으로 차별성을 구사하여 성공하기는 어렵다. 시인은 분명 이러한 배경을 충분히 알면서도 새로운 작품을 썼을 것이다. 상사화는 잎이 나서 성장하다가 없어지고 나서야 꽃대가 올라오기 때문에 잎과 꽃이 서로 만날 수 없어 알뿌리로 번식하는 식물이다. 그래서 꽃말조차 '이룰 수 없는 사랑'이라는 비련의 주인공이다. 그러나 김종빈은 잎이 지든 말든 꽃이 피든 말든 그런 일반적인 이야기를 작품에서 하지 않는다. 상사화를 "외딴집"으로 등장시키며 고수의 작업에 돌입한다. "누굴 기다리느라 그리움을 길게 뺏을까"로 꽃대가 올라오는 과정을 짐짓 말하다가 "외딴집 구겨진 창"으로 능청을 떨며 말을 돌려 놓는다. 독자는 답답한데 "기별은 잠잠"하다고 뭉개고 있다. 드디어 "고요를 활짝 여는 한 송이 마른 기척"으로 꽃이 핀 것을 말하다가 또 "눈가에 마중을 나와/ 짓물러 짙게 탄다"로 내숭을 부린다. 다시 셋째 수에서는 "까치가 부산한 날"을 불러들여 딴짓을 하는 척 하다가 "길 끝에 꺼내놓는 가슴 속 그 불씨들"을 고백하고 말지만 그마저 겨우 "사나흘 화르르 타"고 마는 허무한 존재로 표현한다. 상사화를 소재로 한 시들이 대개 서로를 그리워하고 이루어지지 않는 안타까운 정감을 노래하지만 김종빈의 의도는 '있는 힘을 다하여 절절하고 애타게 부르짖는' "절규(絶叫)"에 가서 꽂히고 있다. 그리하여 『꽃으로 온 절규』라는 시집 제목이 탄생하게 되었으니 상사화는 또 하나의 새로운 이름을 갖게 된 것이 아니겠는가.

억지로 잠을 재운 어둠을 열어보면
진하게 풍겨오는 케케묵은 땀 냄새
화들짝 봉지를 털자
씨앗들이 쏟아진다

품속에 챙겨두고 잊고 산 구호들이
행간에 터를 잡고 쌍떡잎을 틔운다
연초록 **빽빽한 낱말**
옹알이를 시작한다

한 포기 한마디씩 고르게 옮겨심자
선명하게 자라나는 더 푸른 목소리
층층이 뛰어 올라가
주렁주렁 대답한다

- 「개봉하다」 전문

식물은 자연계가 생장하고 지속되는 과정에서 모든 생명의 원천이라고 할 수 있다. 지구상의 온갖 동물을 키워내고 숨 쉬게 만들기 때문이다. 이러한 과정은 자연 순환이라는 위대한 과정으로 인간이 개입할 수 없는 성스럽고 신비로운 것이니 하늘의 소관이라고 할 수밖에 없다. 여기 시인은 생명의 씨앗을 뿌리고 키워내는 과정을 정갈하게 담아내고 있다. "개봉"이라는 시제를 사용하여 이러한 생장 과정이 마치 영화가 개봉되어 진행하는 순간들을 유추하게 하는 적절한 장치로 사용하고 있는 것이 재미와 분위기를 더한다. 씨앗을 채취하여 보관하는 과정을 "억지로 잠을 재운"이라는 재치 있는 시어로 표현한 것은 인간의 의지로 자연을 통제한 것에 대한 미안한 마음의 발로이지 않았을까 "케케묵은 땀 냄새"도 태양의 열기와 태풍이나 이슬까지 견뎌낸 고초와 수고에 대한 배려라는 생각이 밀려온다. "품속에 챙겨 두고 잊고 산 구호들"은 무엇이었을까 돌아보면 그것은 참아왔던 갈증이나 추위가 아니었을까 하는 아쉬운 마음이 든다. 그래도 "쌍떡잎"은 씩씩하게 돋아나 "연초록 빽빽한 낱말/ 옹알이를 시작한다"라는 희망과 건강한 출발을 알린다. "더 푸른 목소리"는 날마다 자라나 "층층이 뛰어 올라가"는 신기루 같은 생장으로 이어진다. 농부의 노고와 햇볕의 배려와 비의 도움으로 식물이 착하고 튼실하게 자라는 과정은 신비에 가깝다. 세 수의 시조는 마치 극장에서 영화가 '개봉되는 순간처럼 불이 꺼지고 주인공들이 나타나고 클라이맥스를 지나 엔딩 크레딧이 올라가는 마지막 순간 같아서 "주렁주렁 대답"한 열매를 보고 나면 가슴이 설렌다. 시인은 영화감독이 된 듯한 기분으로 자라나는 식물의 한살이를 연출하고 있으니 생명을 지휘하는 모습이 대견하고 고맙다.

5. 세상의 아픔이 부른 시절의 노래

어느 시인이라도 자신이 뿌리를 내리고 살아가는 세상을 작품에 투사하고 되짚어 보는 것은 당연한 일이다. 주변의 아픔과 흐름을 살피고 역사에 숨겨진 흔적도 다시 살펴보는 것은 시인에게도 의미 있는 작업이기 때문이다. 김종빈의 시선은 '꽃'에 머물지 않고 작업 현장으로 나갔다가 더 눈을 들어 '역사' 속으로 들어갔으며 다시 '우크라이나'로 '베트남 청년'에게로 바쁘게 옮겨 가며 더 넓고 높은 상상력과 안목을 펼치고 있다.

설움도

참고 묵히면

돌이 되어 쌓이는가

거중기로 들어 올린 뒤주에 얹힌 무게

화산에

옮겨 모시고

지어놓은 절명시여!

-「성城이 되다」 전문

"거중기"와 "뒤주"와 "화산"이라는 시어만 보아도 누구의 이야기인지 대번에 감이 온다. 정조는 즉위의 첫 변으로 '나는 사도세자의 아들'임을 천명한 것은 유명한 일화이다. 이 말은 복잡하고도 다양한 해석이 뒤따를 수 있지만 부패한 외척 세력과의 정면 대결을 암시한 것으로 해석된다. "참고 묵"혀서 "돌이 되어 쌓"인 "설움"을 새로운 시대에 투사하고자 마음 먹은 정조는 "거중기로 들어 올"려 "뒤주에 얹힌 무게"를 지워 내고 조선의 미래를 향한 희망의 "성"을 쌓는다. 쉽지 않은 일이었지만 사도세자의 버려졌던 능도 수원 "화산" 융릉으로 "옮겨 모"시며 애써 정적과의 대결도 무마하려고 노력했다. 정조의 고민과 화해와 도전의 꿈이 쌓여 "절명시"같은 "성이 되"었는데 결국 성(城)은 모든 난관과 대립을 넘어 성(聖)으로 변하며 장엄하고 대견한 가조(歌調)를 이룬다고 하겠다.

아빠 찬스 엄마 찬스 그런 거 하나 없는

지금을 살아가는 개네들의 무너진 하늘

그래도 용이 산다는 그 개천 아직 있죠?
　　　　　　　　　　　　　　　-「초경初耕」부분

　　제 목숨 칭칭 감은 환삼덩굴 습성처럼
　　유린당한 조국을 몸 던져 지키는 이유
　　벙커 속 엄마의 품 안 해맑은 눈, 눈빛
　　　　　　　　　　　　　-「봄, 우크라이나」부분

　　신혼의 떨림조차 두고 온 코리안드림
　　주어진 오더는 안전을 위한 현장정리
　　　　　　　　　　　　　　　-「쯔엉 일기」부분

　세상을 살아가는 일은 만만한 게 하나도 없다는 어른들의 말씀이 절절하다. 개천에서 용 나던 시절은 옛말이 되었고 "엄마 찬스 아빠 찬스"만 살아서 서민들의 작은 가슴을 더 아프게 때리고 있다. "용이 산다는 그 개천"에 최근에는 엉터리 대통령이 산다는 유추가 번지며 독자들은 자기도 모르게 두 번 놀랄 일이다. 명분이 없는 전쟁도 쉼 없이 이어지는 곳이 세상이다. 러시아의 대책 없는 '힘'은 죄 없는 아기를 "벙커 속 엄마의 품"으로 던져 버리고 "유린당한 조국"은 강대국의 눈치를 보면 사그라들고 있는 게 현실이다. 그래도 시인은 "해맑은 눈, 눈빛"에 너무 가슴이 시리고 아플 뿐이다. "신혼의 떨림조차 두고 온 코리안드림"을 위해 베트남

에서 온 일꾼은 최선의 노력으로 힘든 코리아의 일상을 버틴다. "손수레 위태한 외발"을 읽으면 섬찟하게도 "쯔엉"이 사고를 당하기라도 한 것처럼 나쁜 상상이 앞을 가린다. 그만큼 외국인 노동자들의 삶은 가파르고 위험하며 불안정하다. 김종빈이 그려내는 온 세상의 일기도 "쯔엉 일기"도 제발 무탈하게 잘 굴러가기를 바랄 뿐이다.

6. 나가면서

『꽃으로 온 절규』에는 아름다운 서정과 노동 현장의 이야기가 뒤섞이고 역사와 갈등으로 버무려지는 온갖 세상의 풍경과 절규들이 담겨 있다. 김종빈의 각별한 삶의 궤적은 다양하고도 이채로운 모습으로 새 시집에 투사되며 재미를 더하고 있는 모습이 정겹고 가슴을 들썩이게 만든다. 노동의 신성함을 다시 새겨보고 꽃들의 대견한 모습도 우리에게 또 다른 상상을 불러온다. 시집 구석구석에는 시인의 외모처럼 까무잡잡하고 강단 있는 이야기가 두런거리고 전라도 이순 청춘의 걱정과 신산한 삶의 뒷모습도 오래도록 망막에서 사라지지 않고 어른거리는 숙연함을 독자들은 오래도록 기억할 것이다. 비록 '절규'라는 시어는 조금 날카롭게 다가왔지만, 그것이 세상에서 제일 아름답고 신비로운 "꽃"이였기에 시집은 따듯하고 정답고 신선하였다.

> 엄마가 접을 놓던 호박꽃 환한 아침
>
> 이슬로 진하게 쓴 꽃들의 말 읽는다
>
> 눈으론 읽을 수 없는
>
> 뭉클한
>
> 불립문자
>
> ― 「꽃들의 말」 전문

언제나 반짝거리는 눈빛으로 인생과 현장에서 수평을 유지하려고 애쓰는 김종빈 시인의 얼굴을 떠올리면서 그의 정겹고 묵직한 불립문자 하나를 읽으며 글을 마친다.

김종빈 시조집

꽃으로 온 절규

인쇄 2025년 10월 20일
발행 2025년 10월 28일

지은이 김종빈
발행인 서정환
펴낸곳 신아출판사
주 소 서울시 종로구 삼일대로 32길 36, 305호(익선동 운현신화타워)
전 화 (02) 3675-3885 (063) 275-4000 · 0484
팩 스 (063) 274-3131
이메일 sina321@hanmail.net
출판등록 제300-2013-133호
인쇄·제본 신아문예사

* 저자와 협의하여 인지는 생략합니다.
* 잘못된 책은 바꿔 드립니다.

ISBN 979-11-24068-08-3 03810
값 13,000

Printed in KOREA

본 도서는 (재)전북특별자치도문화관광재단 '2025년 문화예술육성지원사업'에 선정되어 보조금을 지원받은 사업입니다.